THIS BOOK

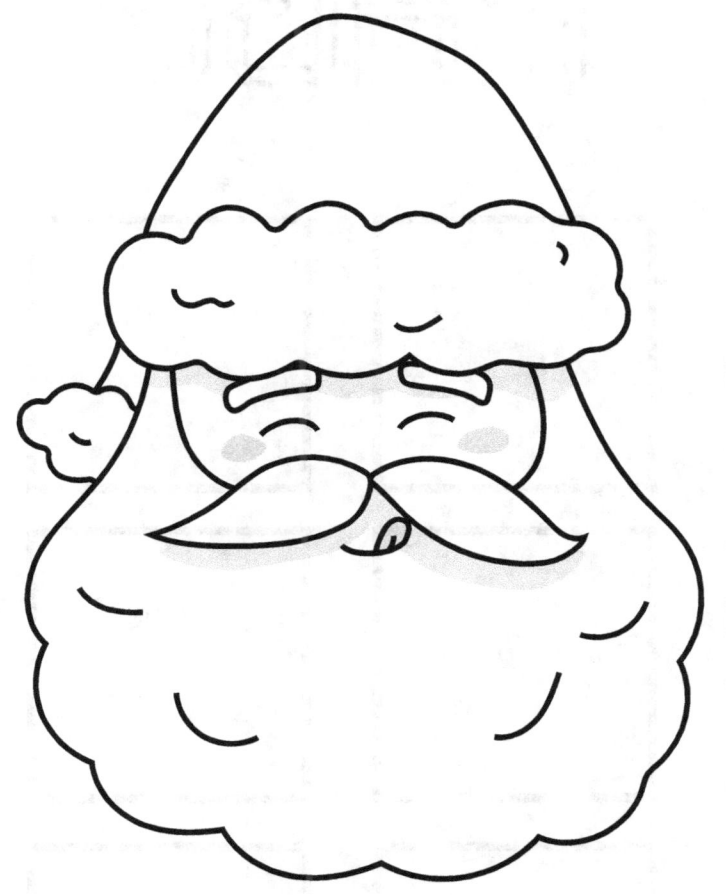

BELONGS TO

o o o o o o o o o o o o o o o

TEST COLOR PAGE

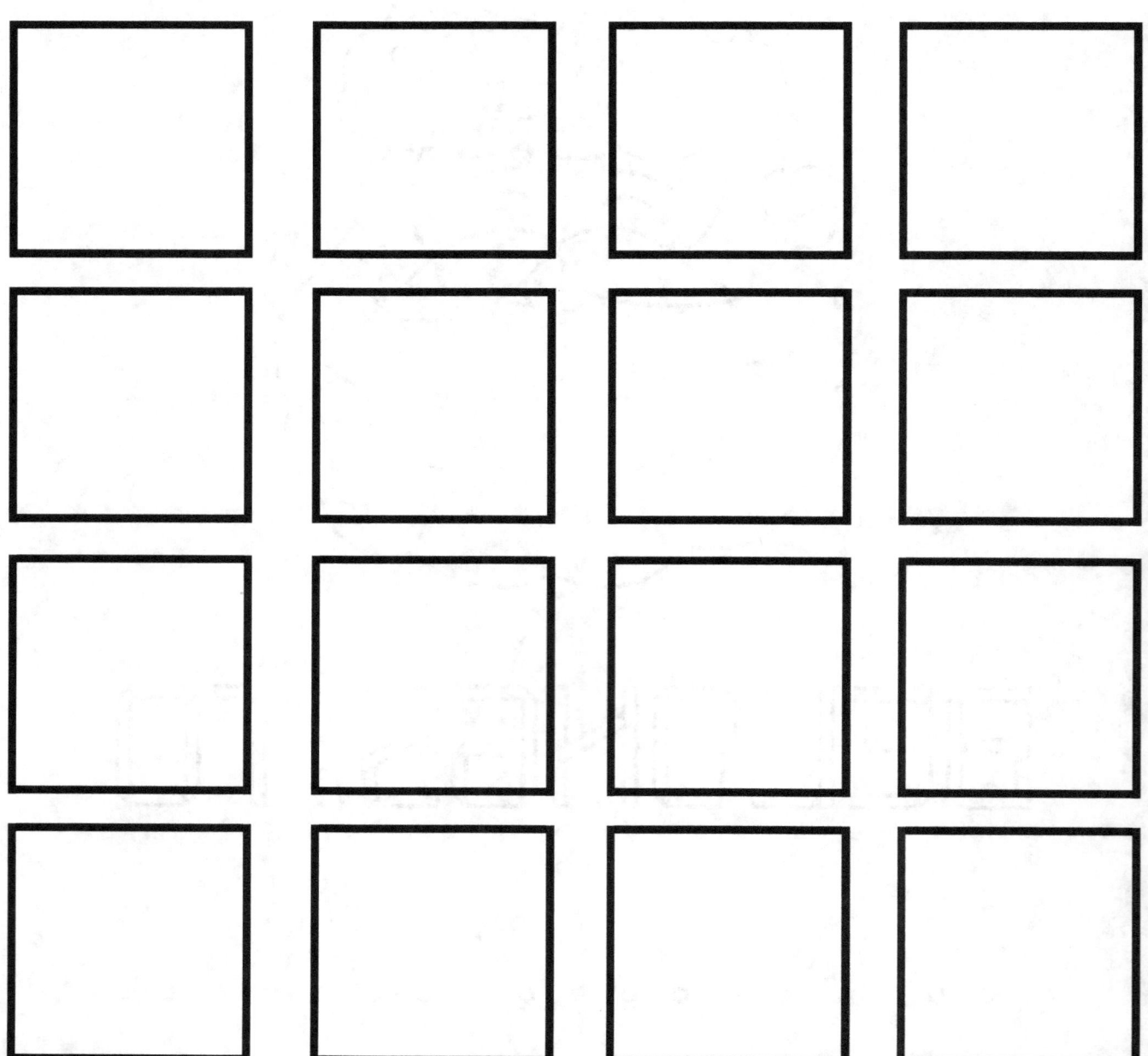

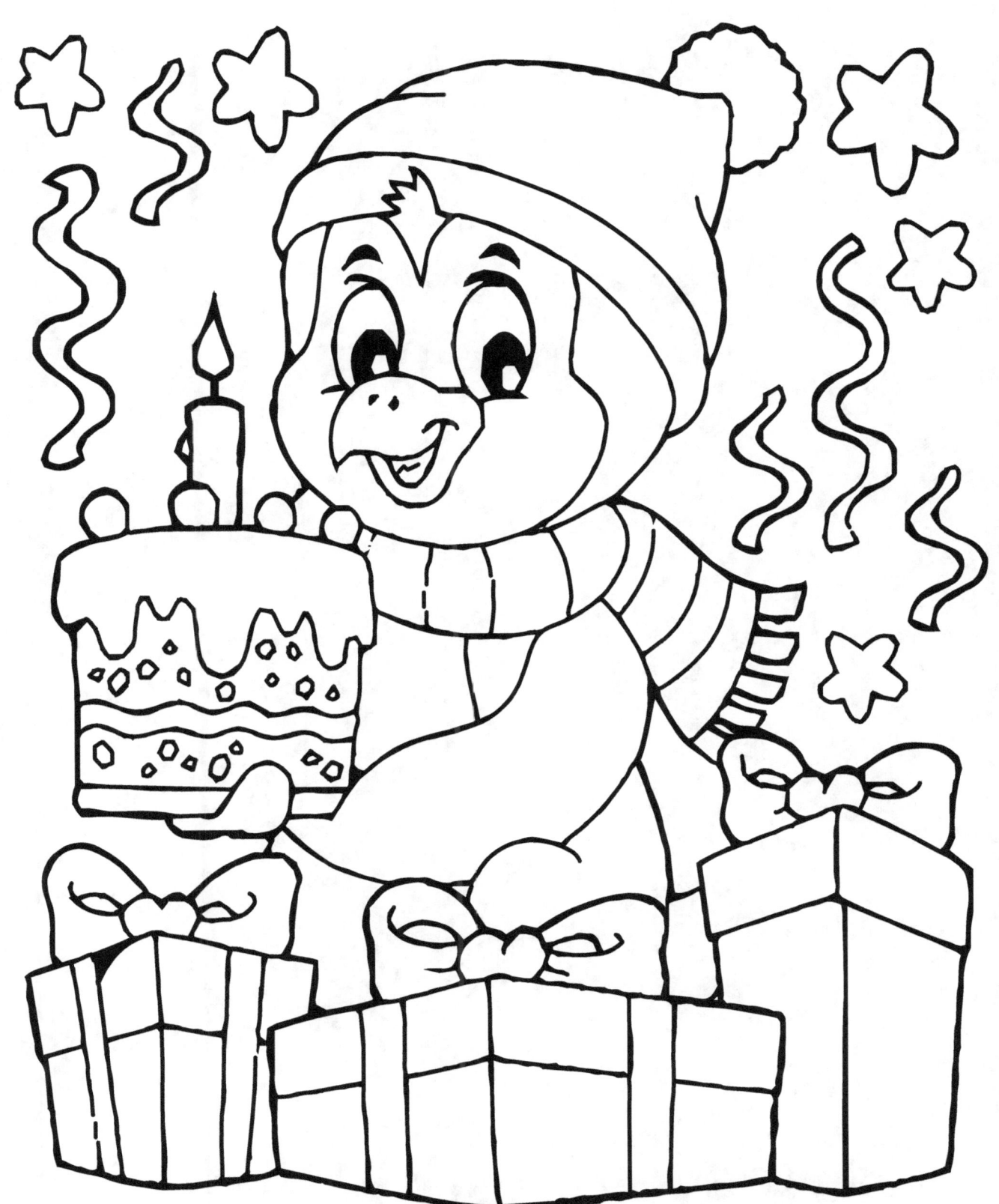

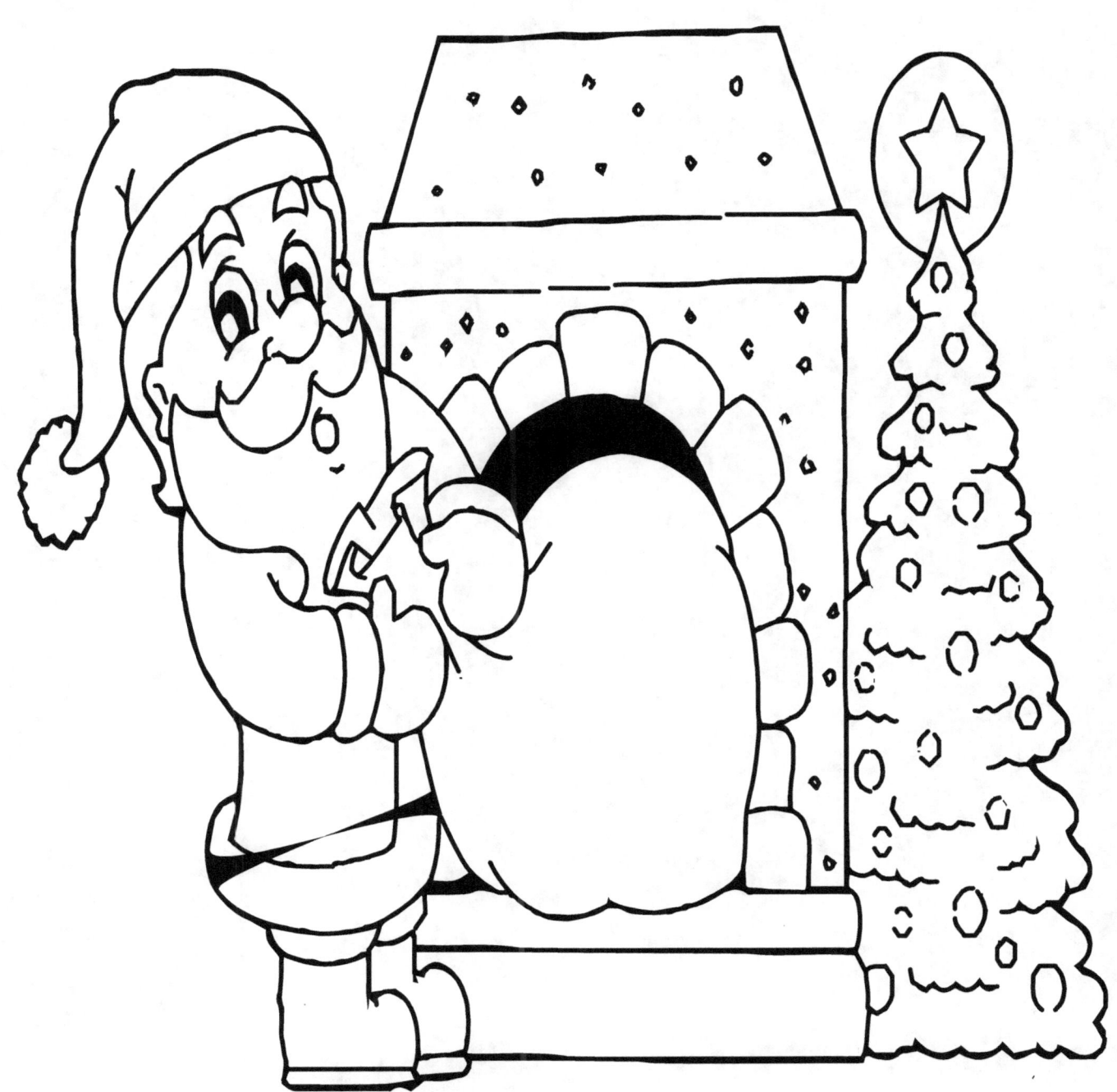

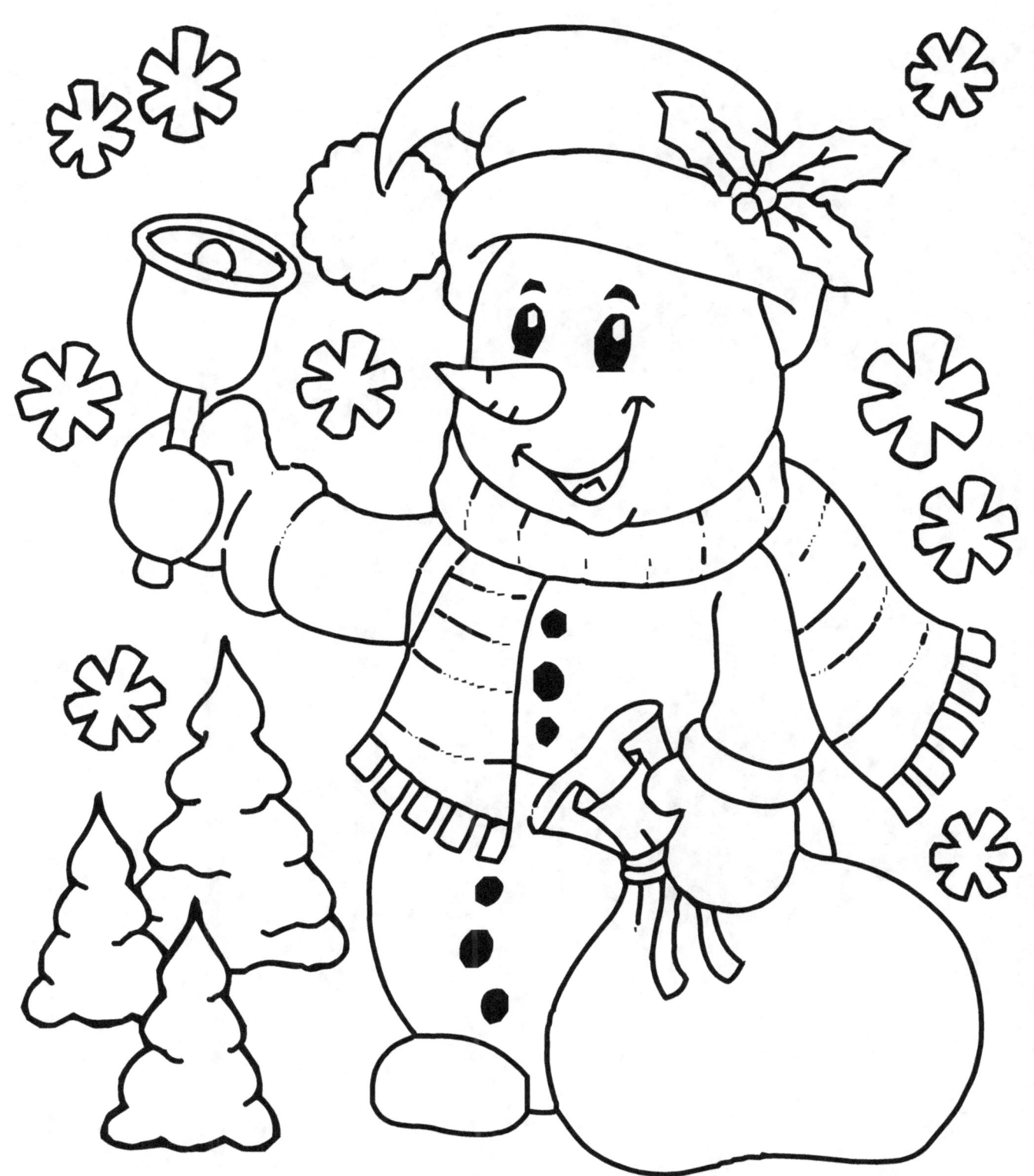

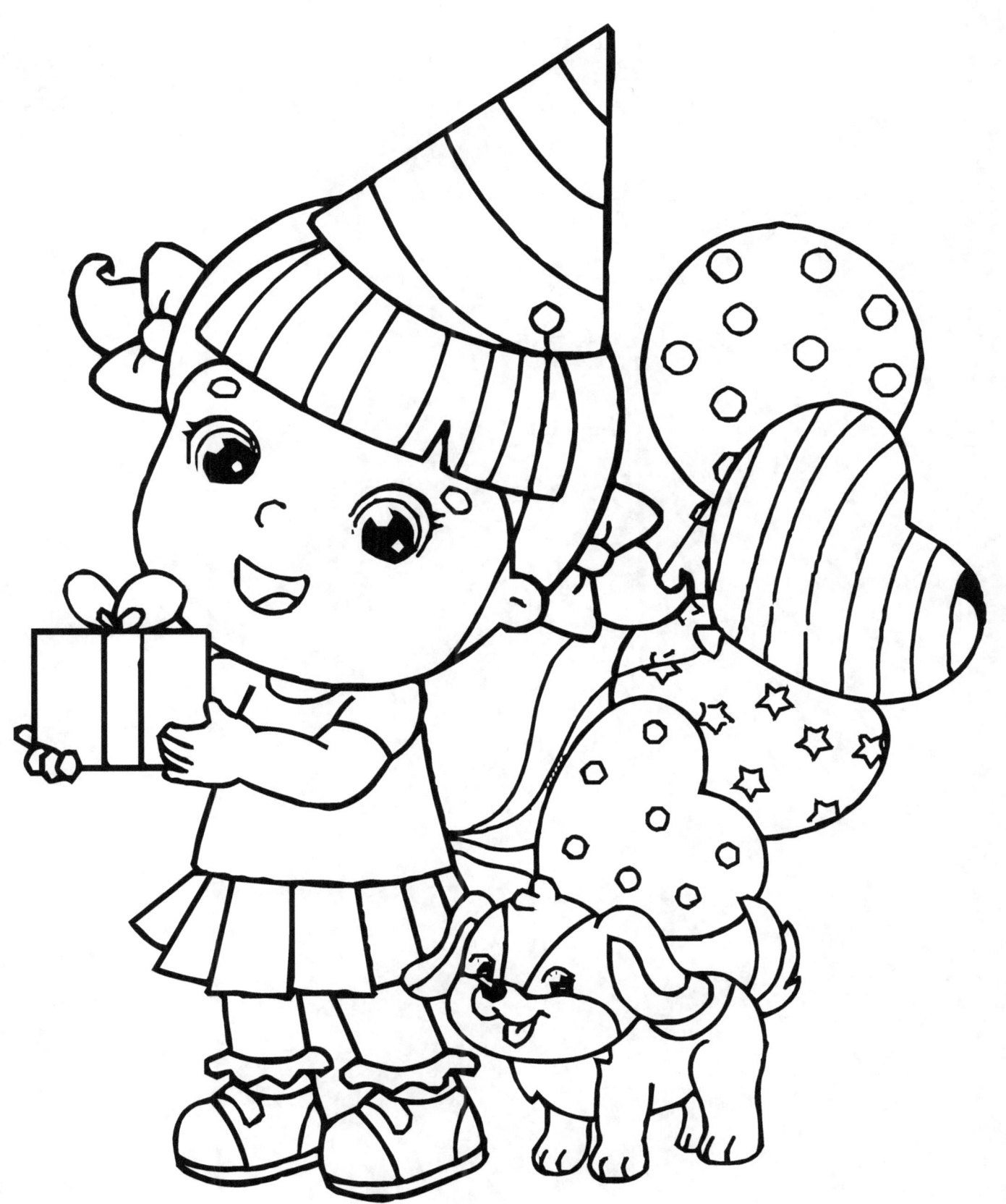

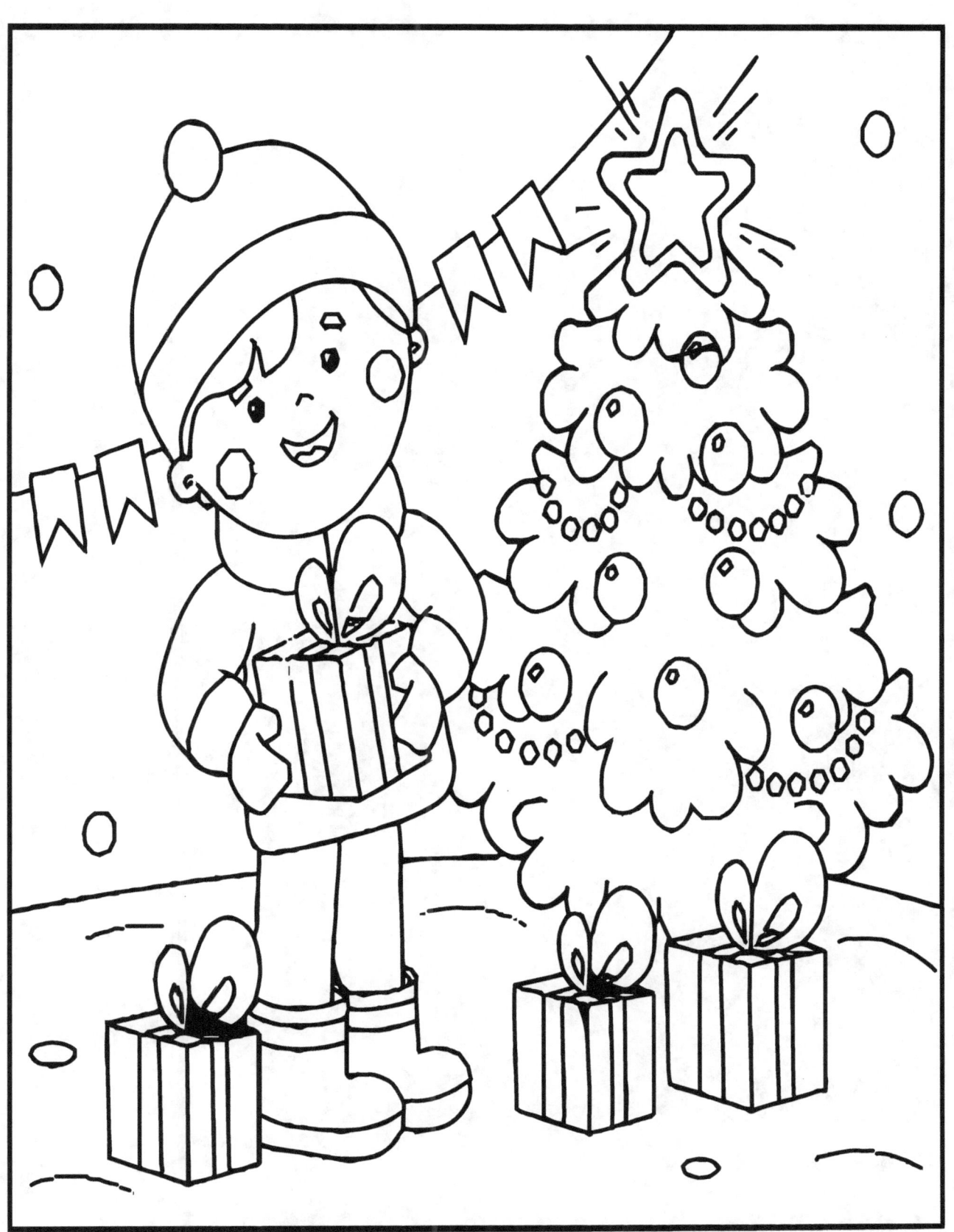

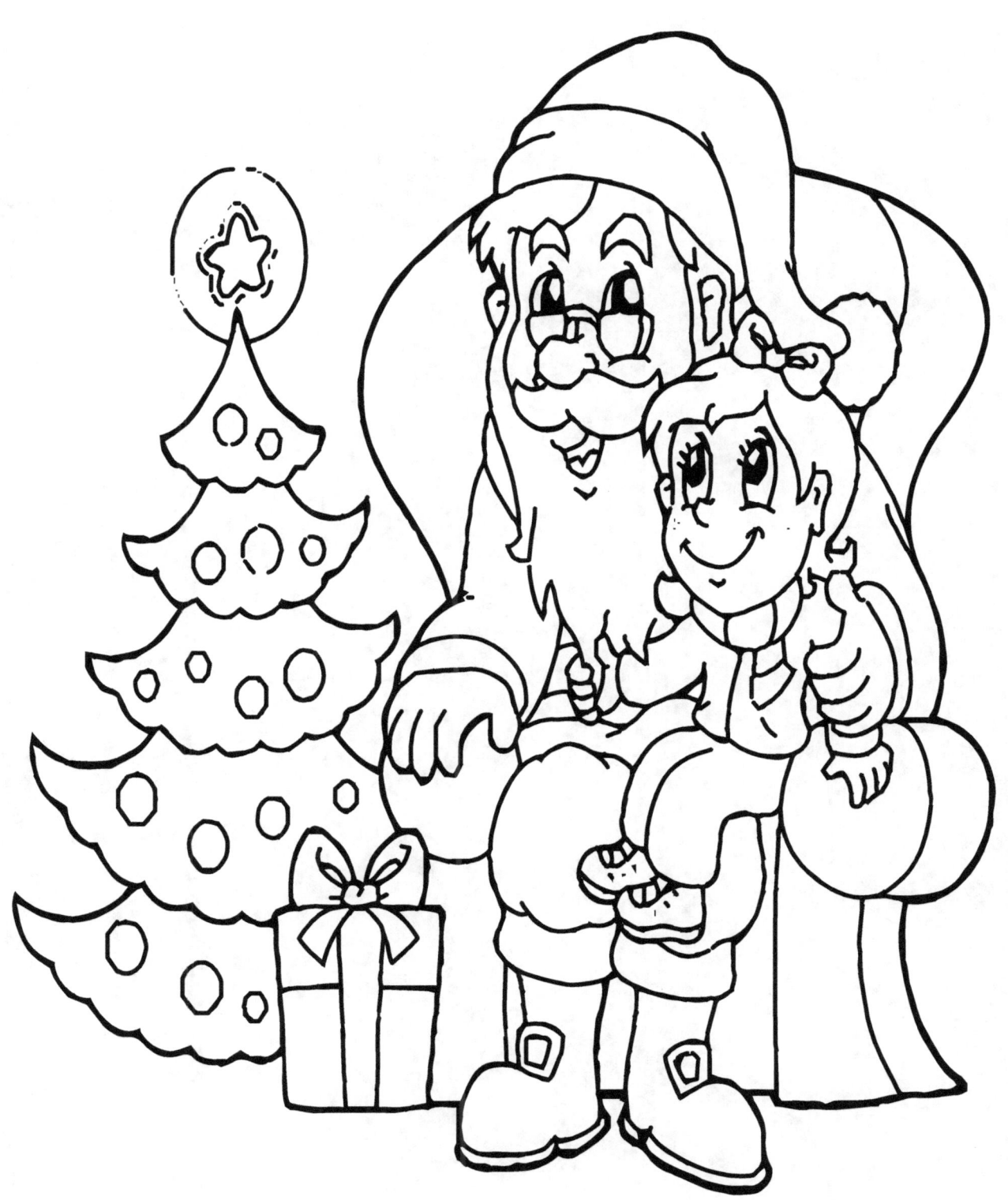

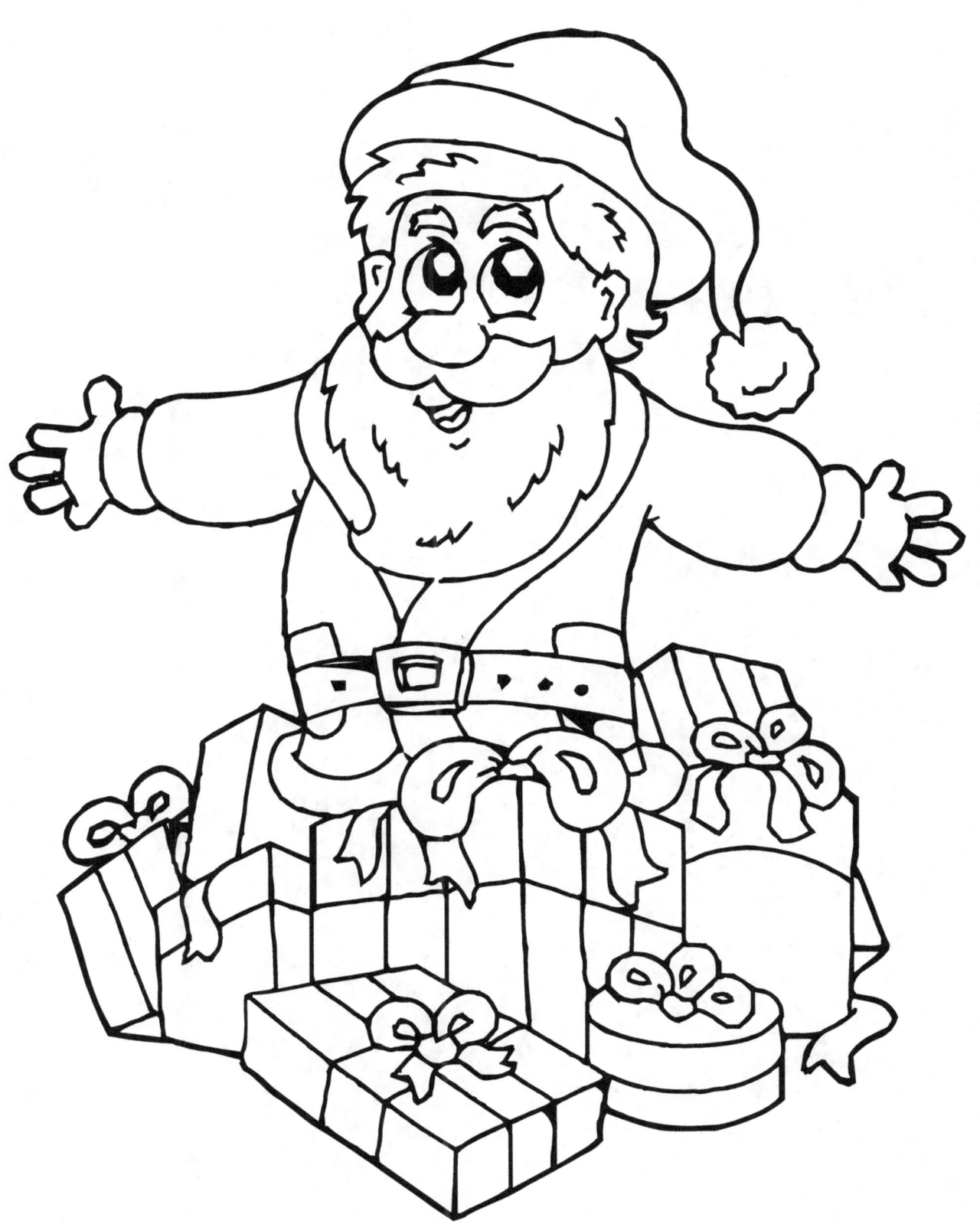

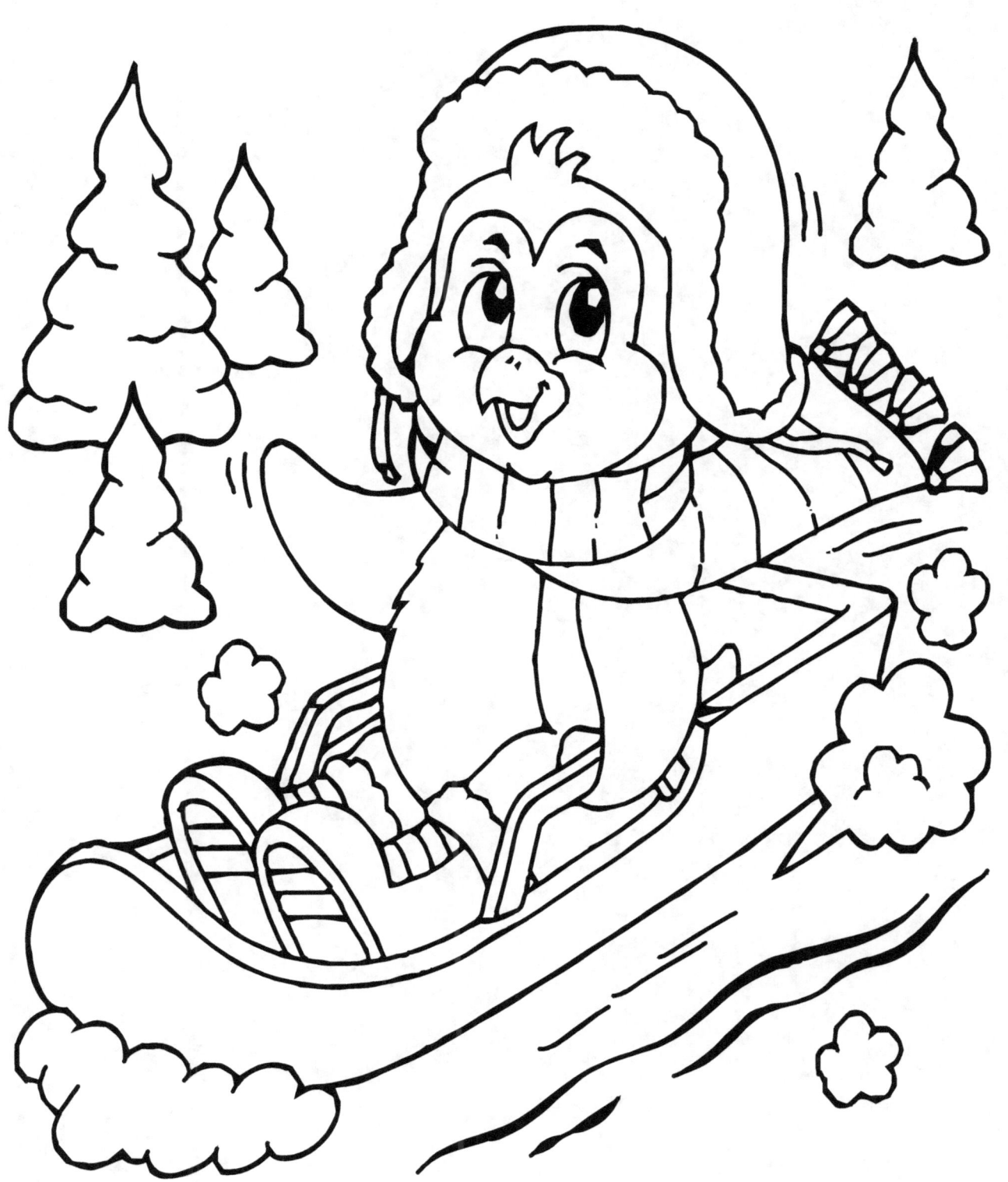

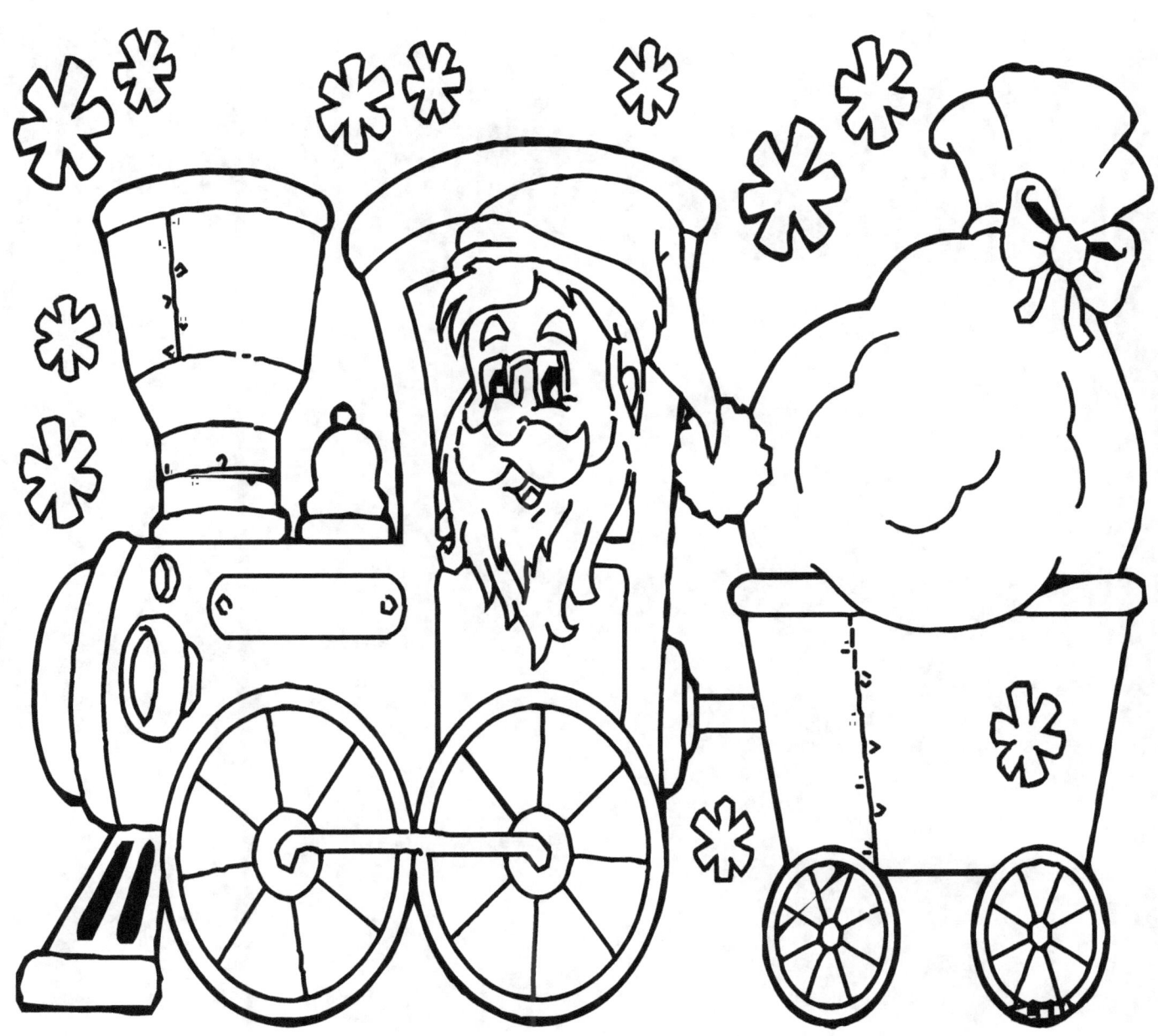

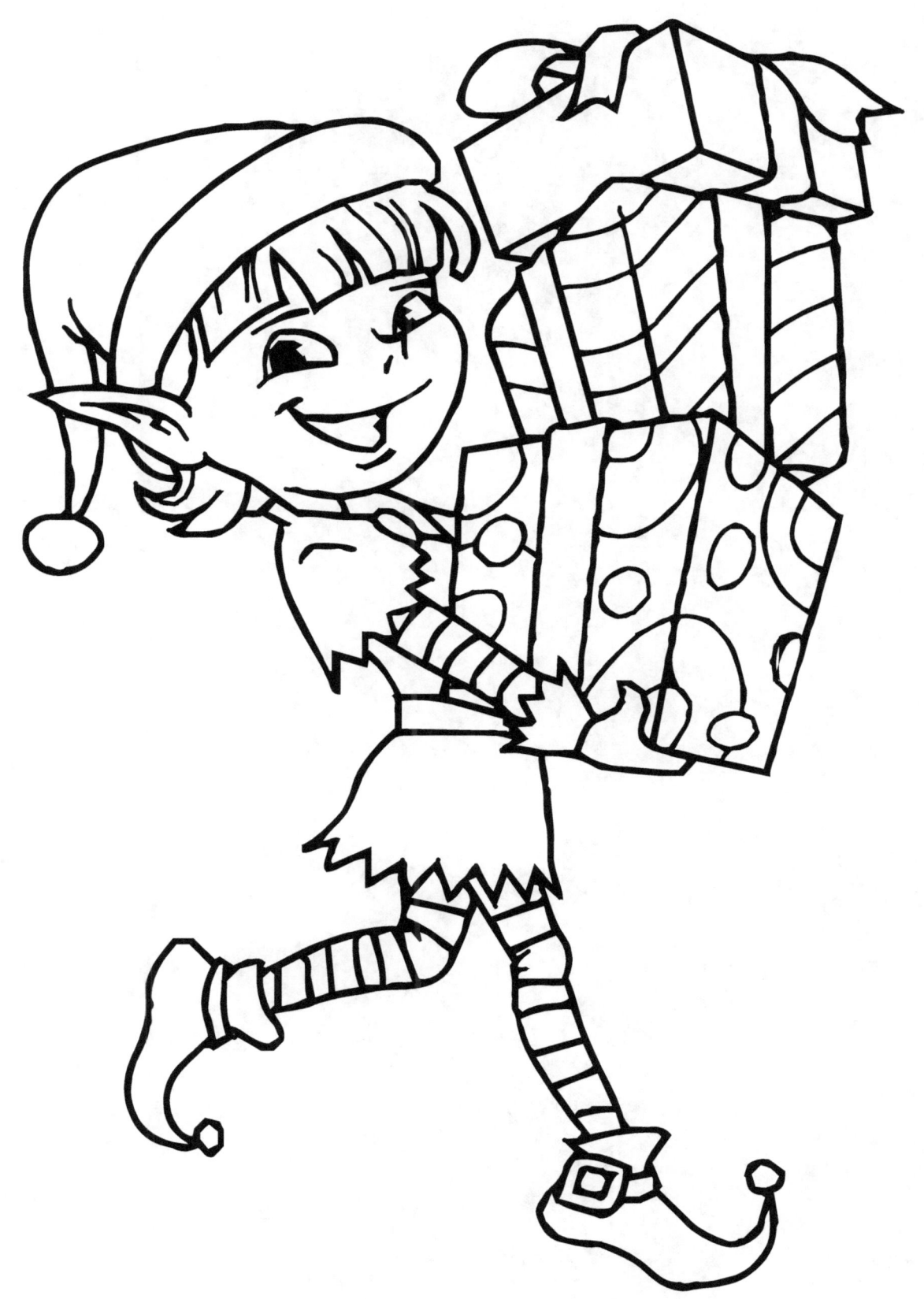

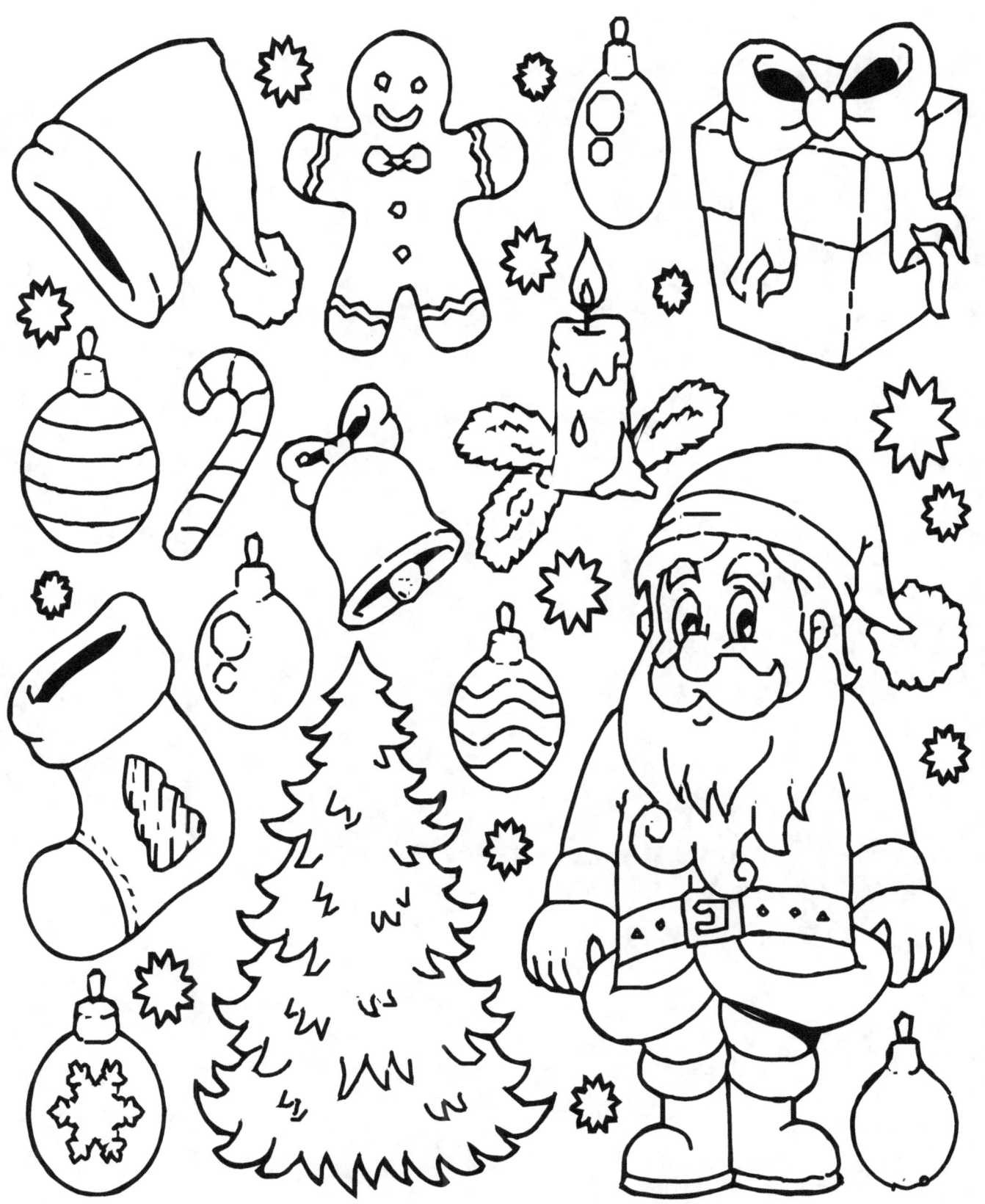

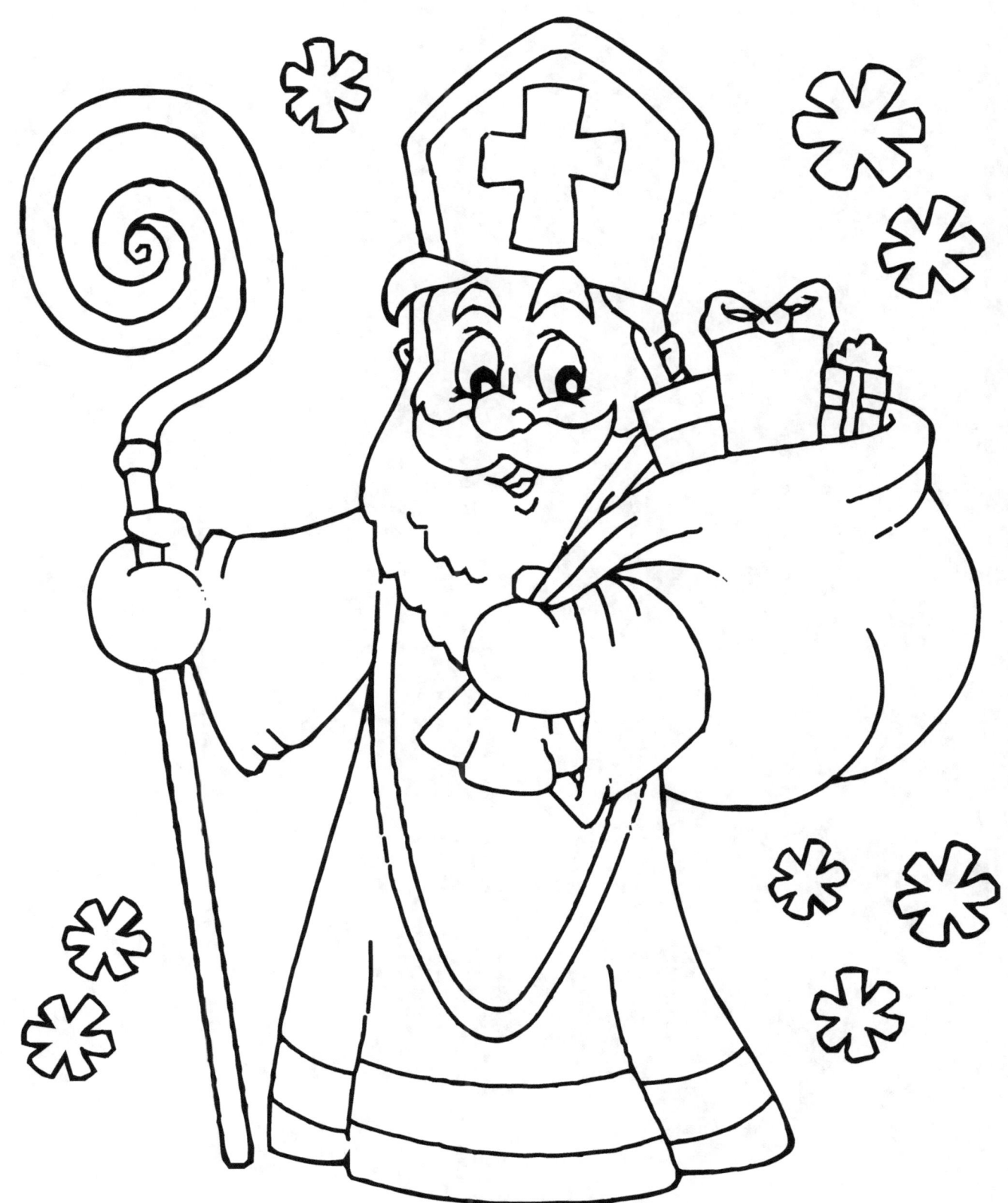

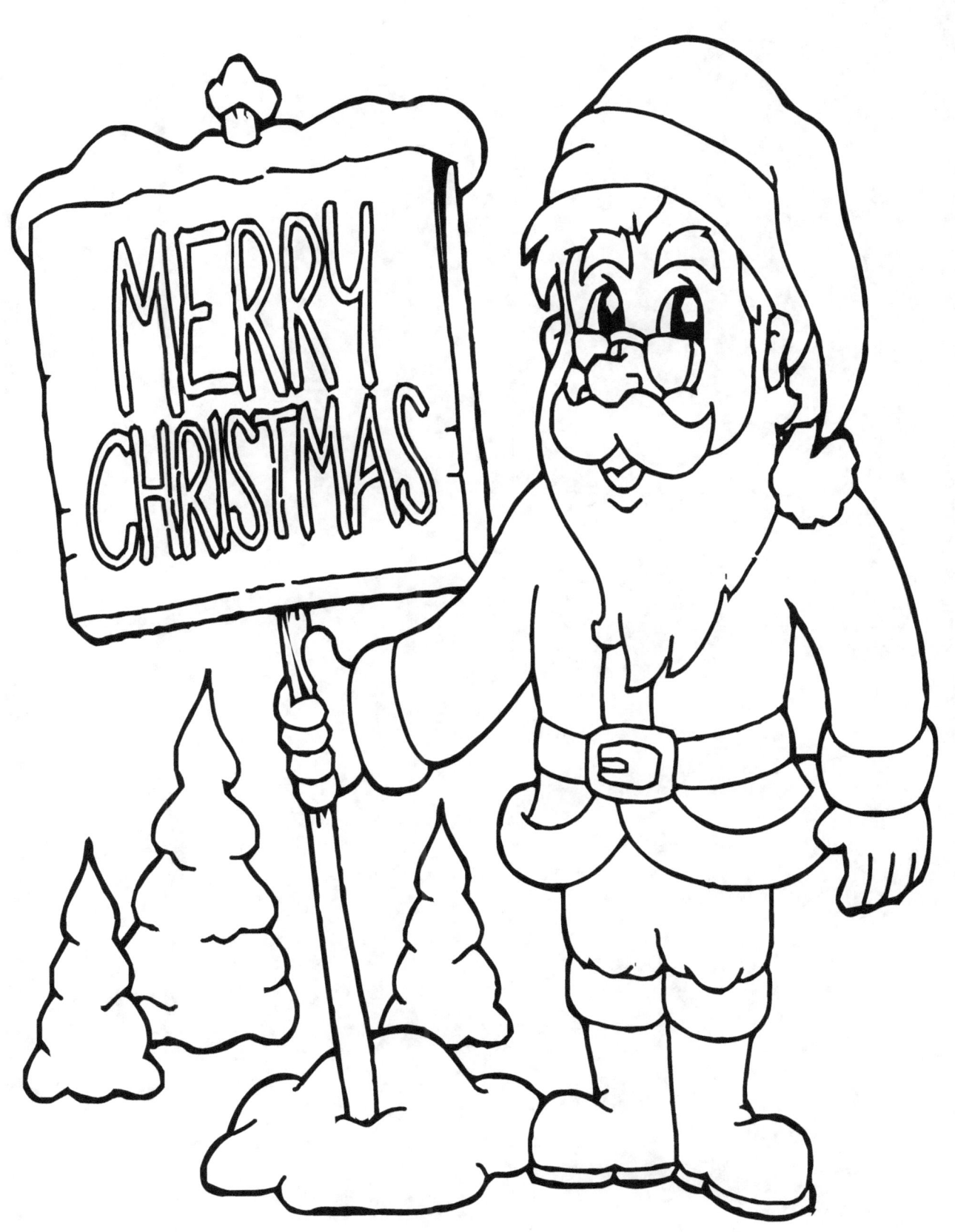

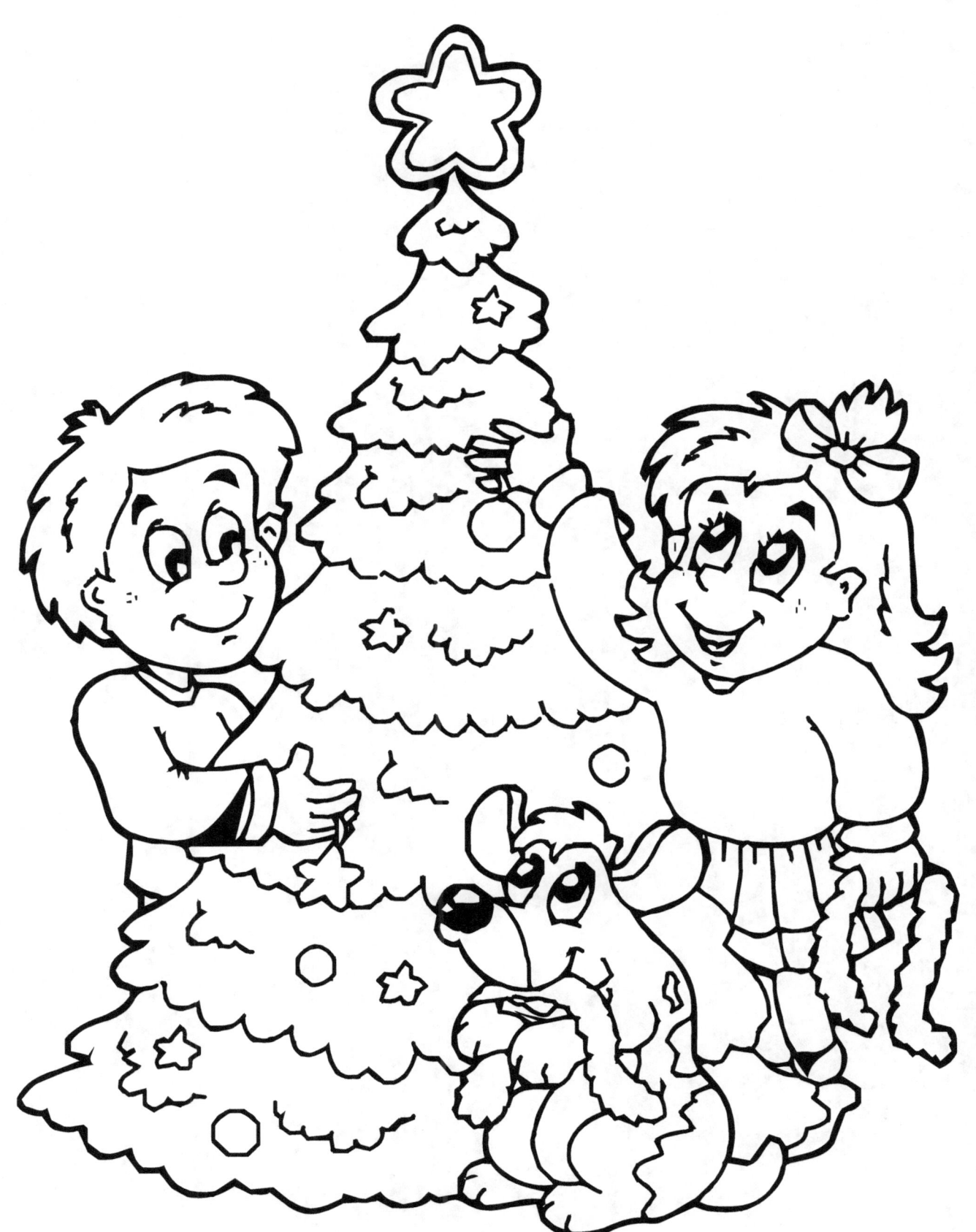

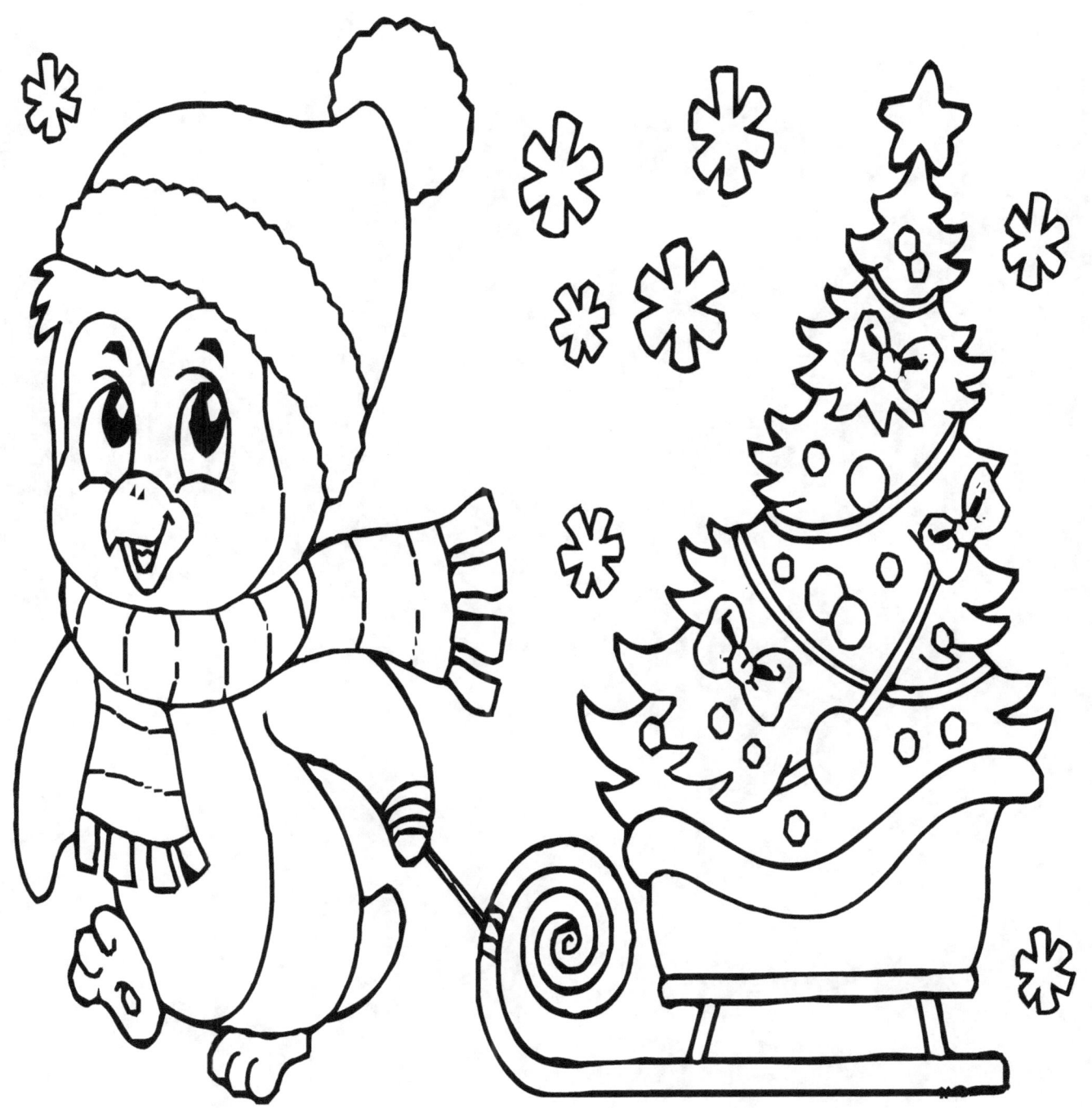

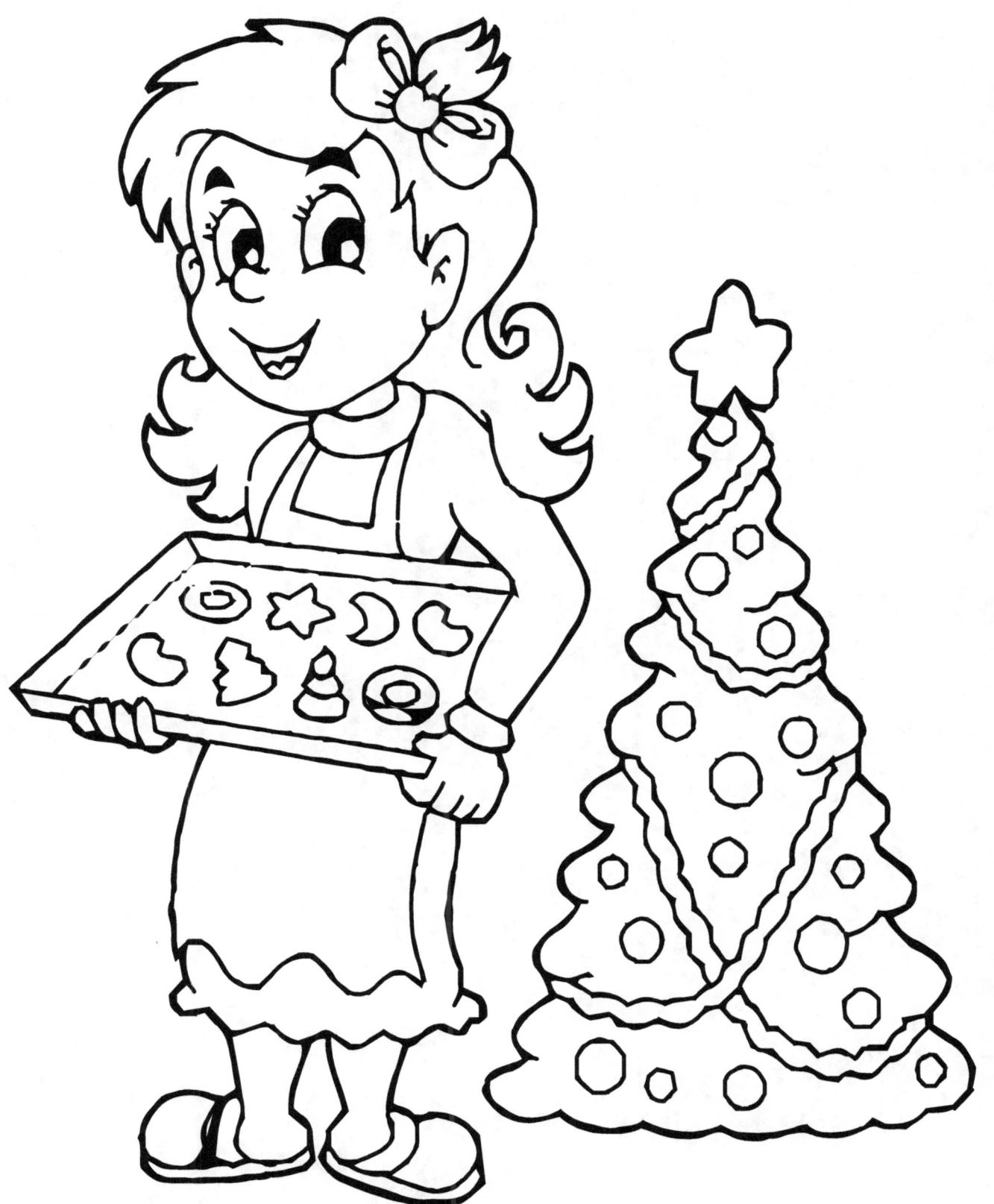

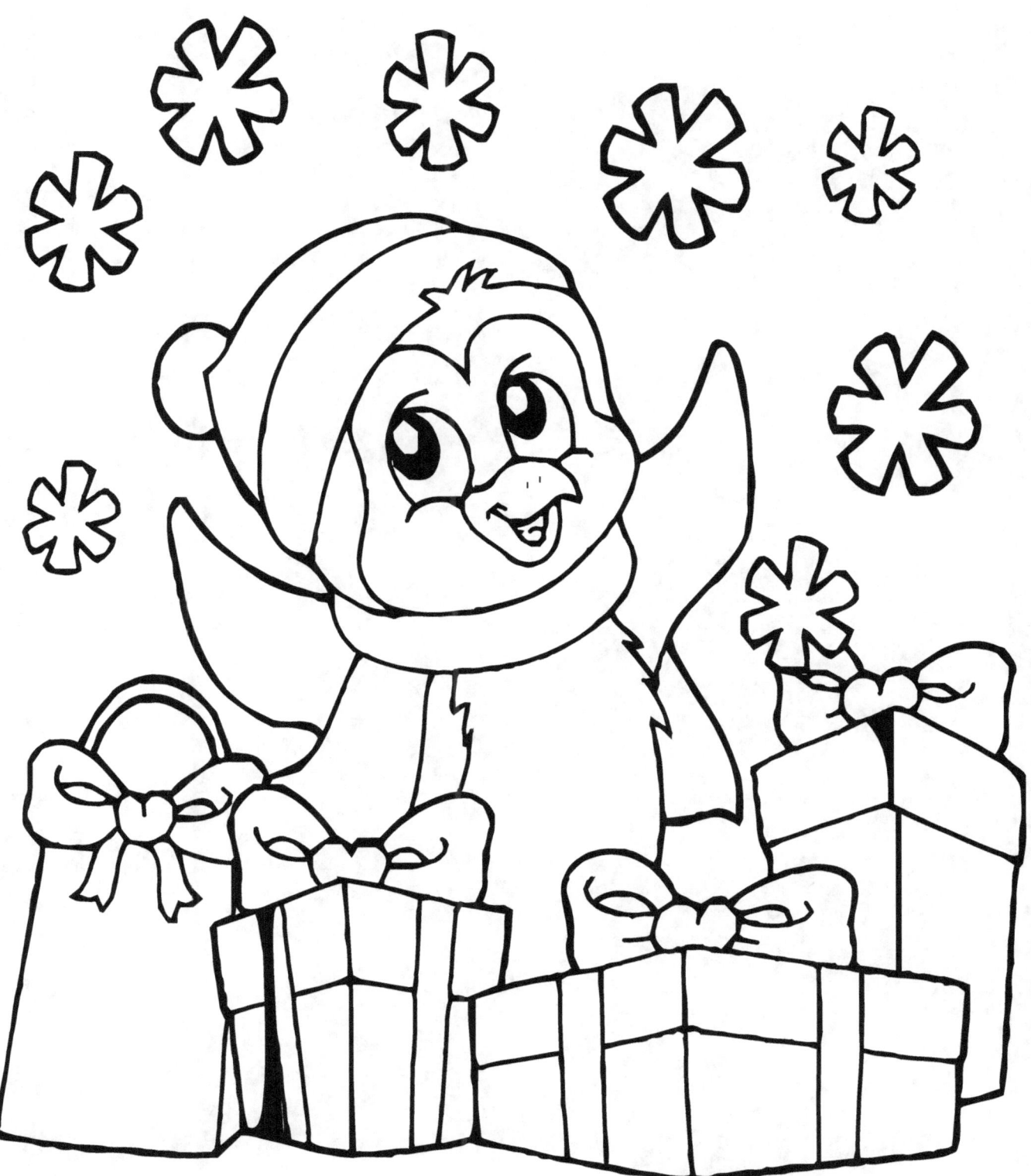

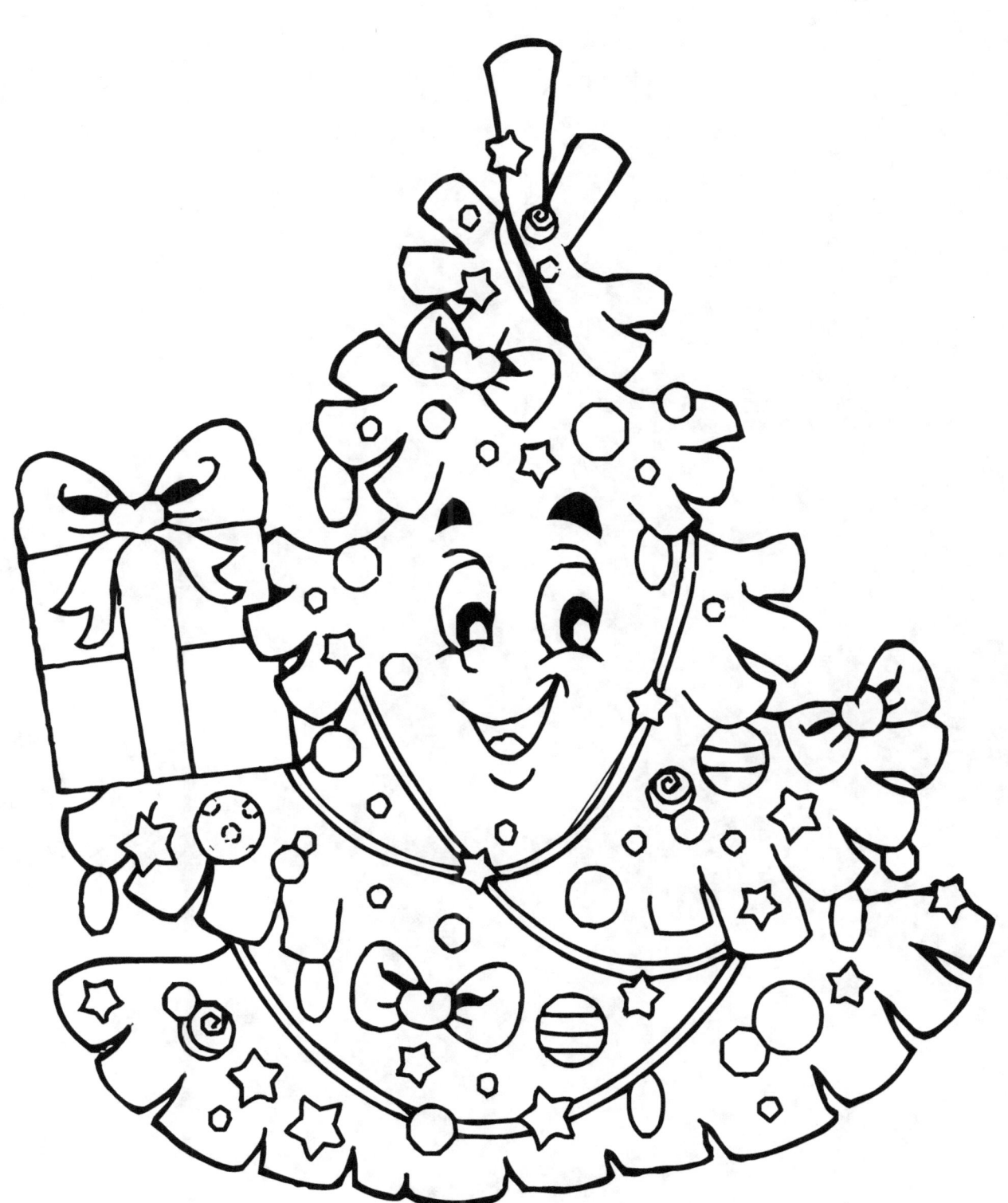

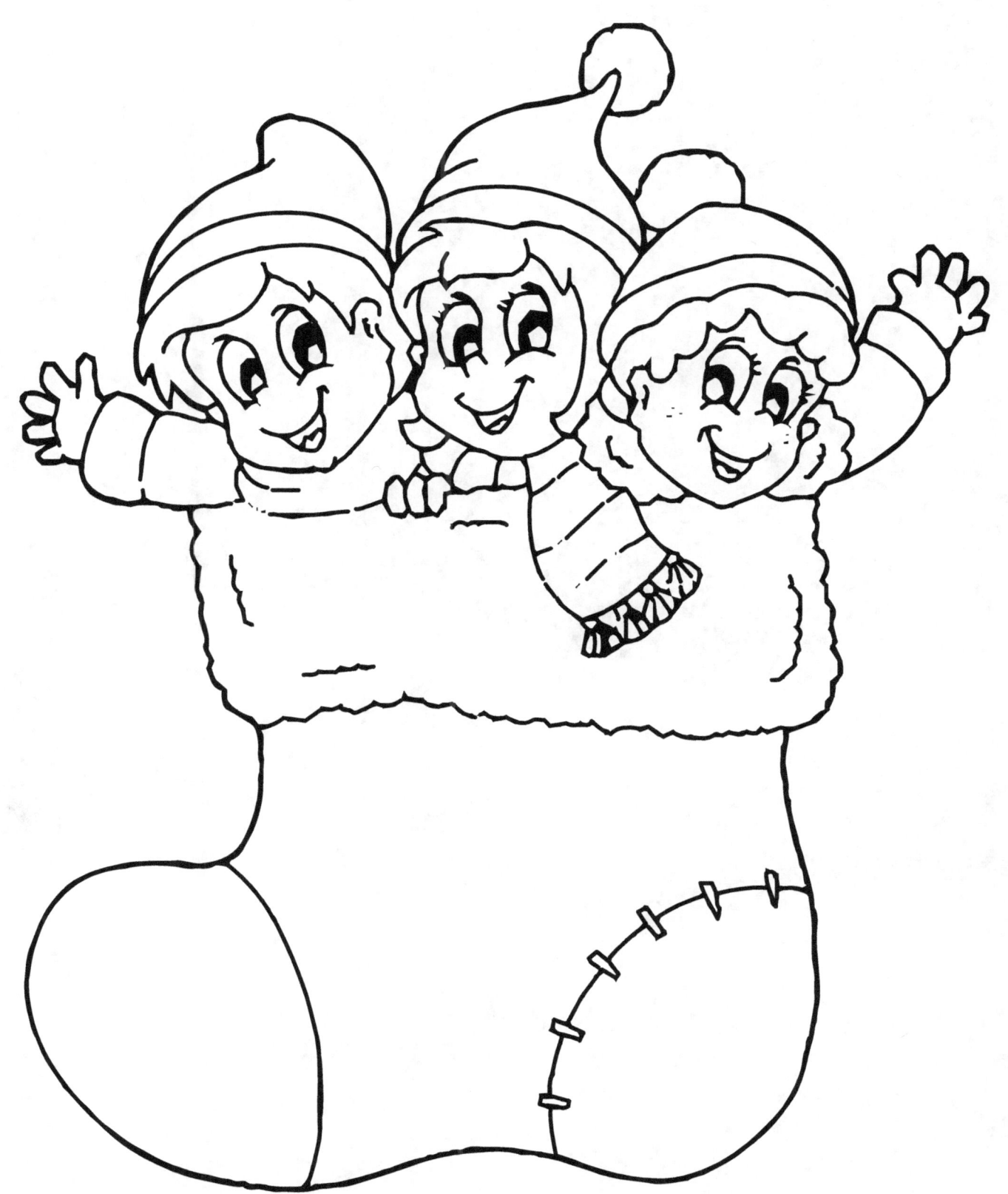

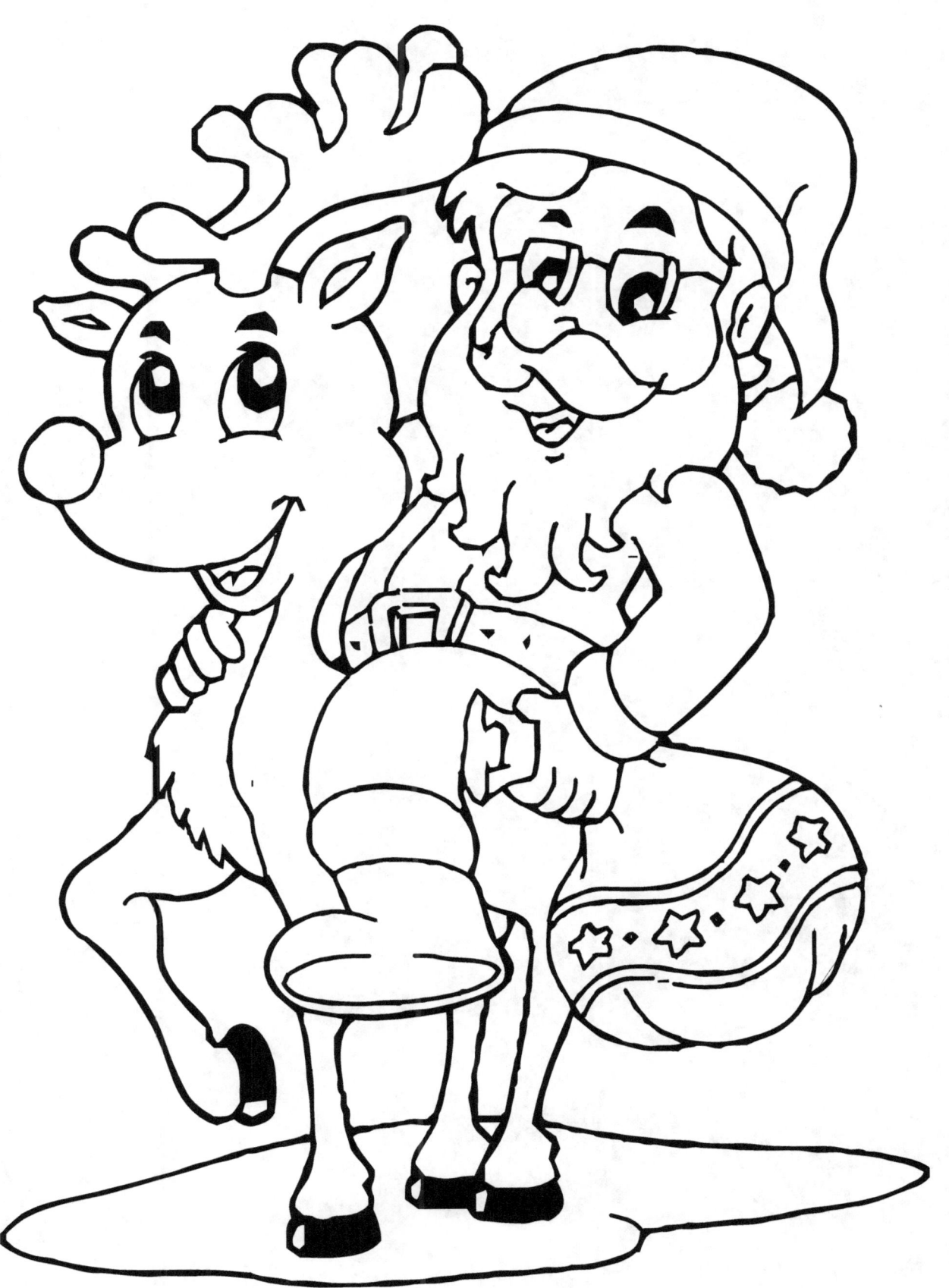

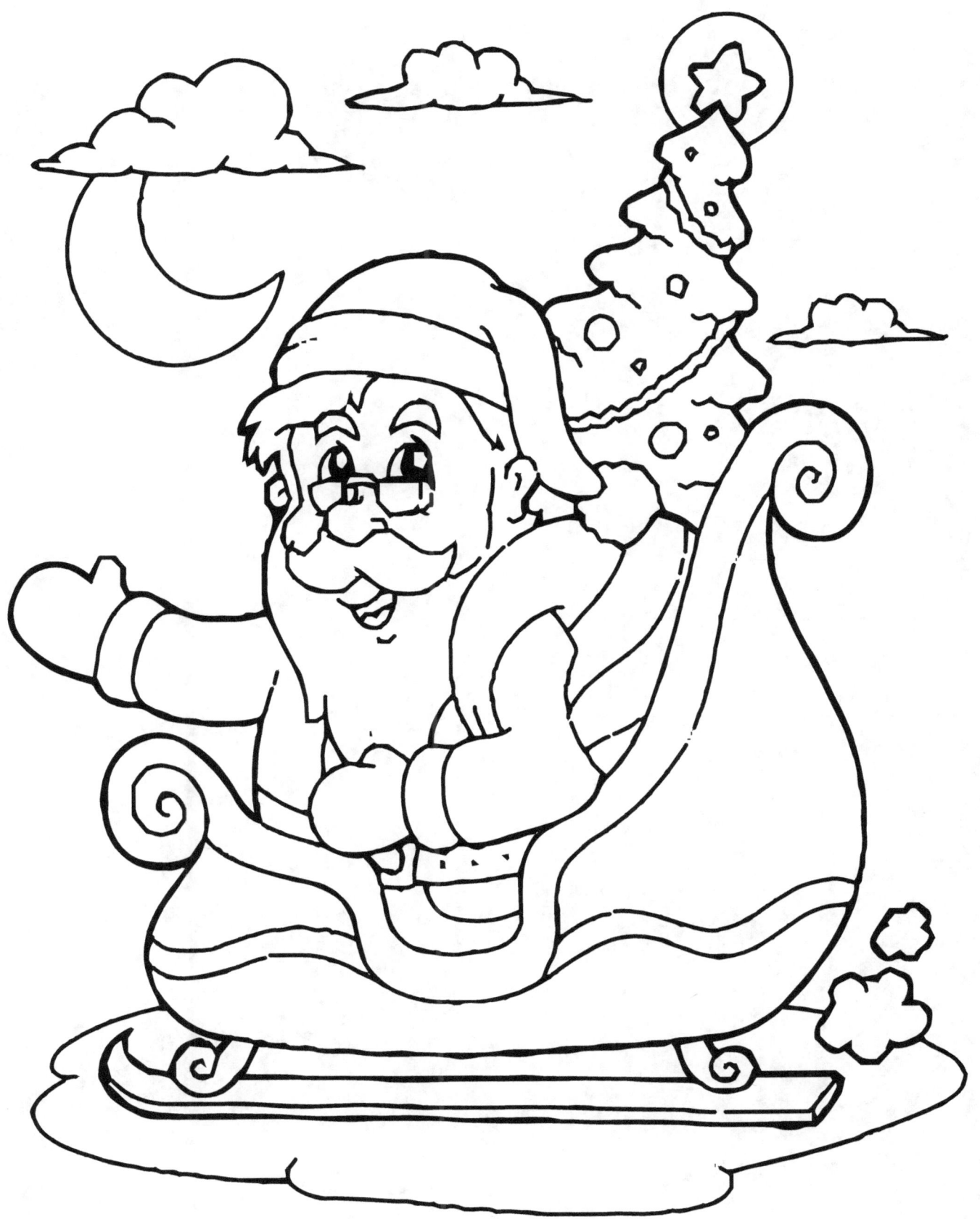

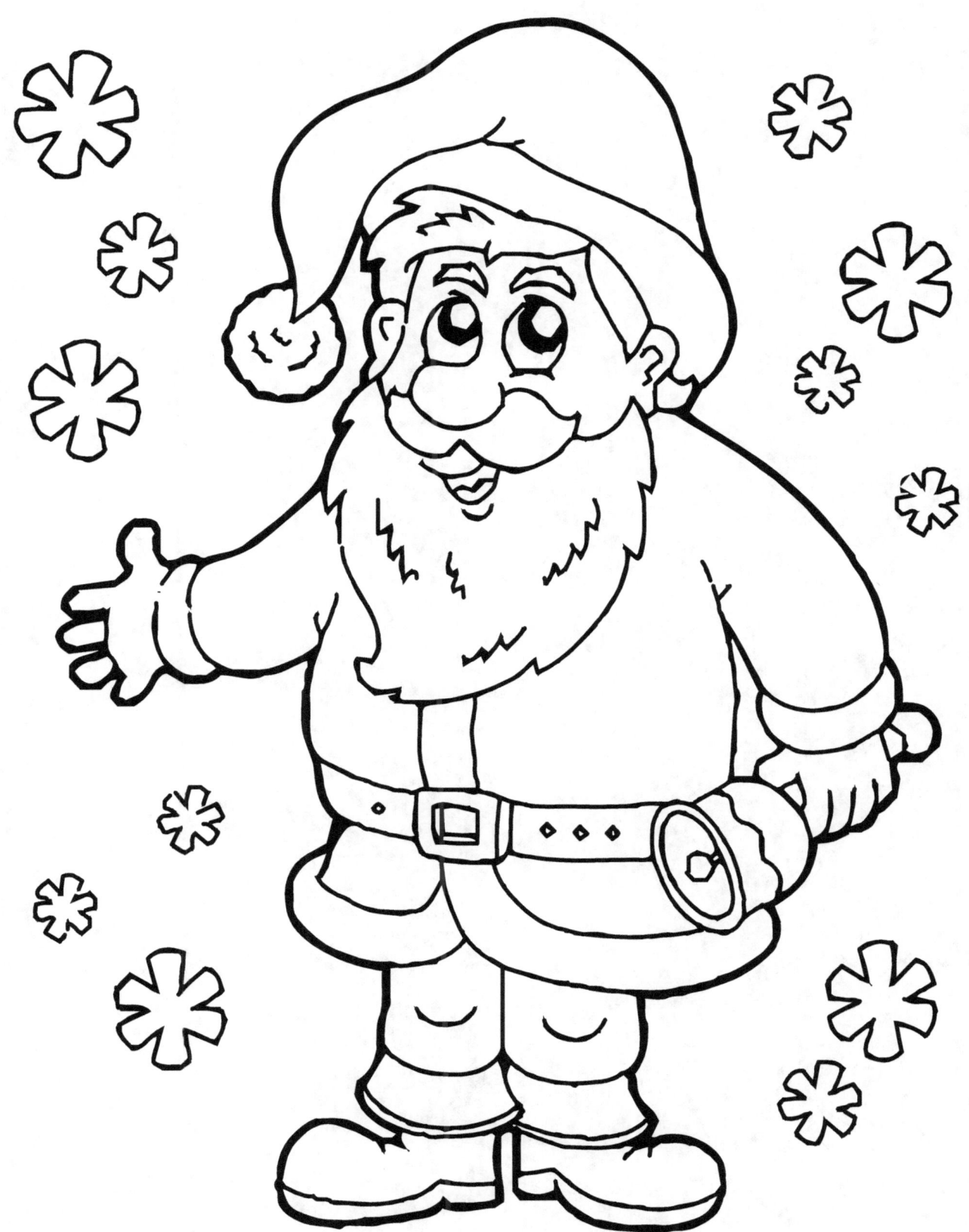

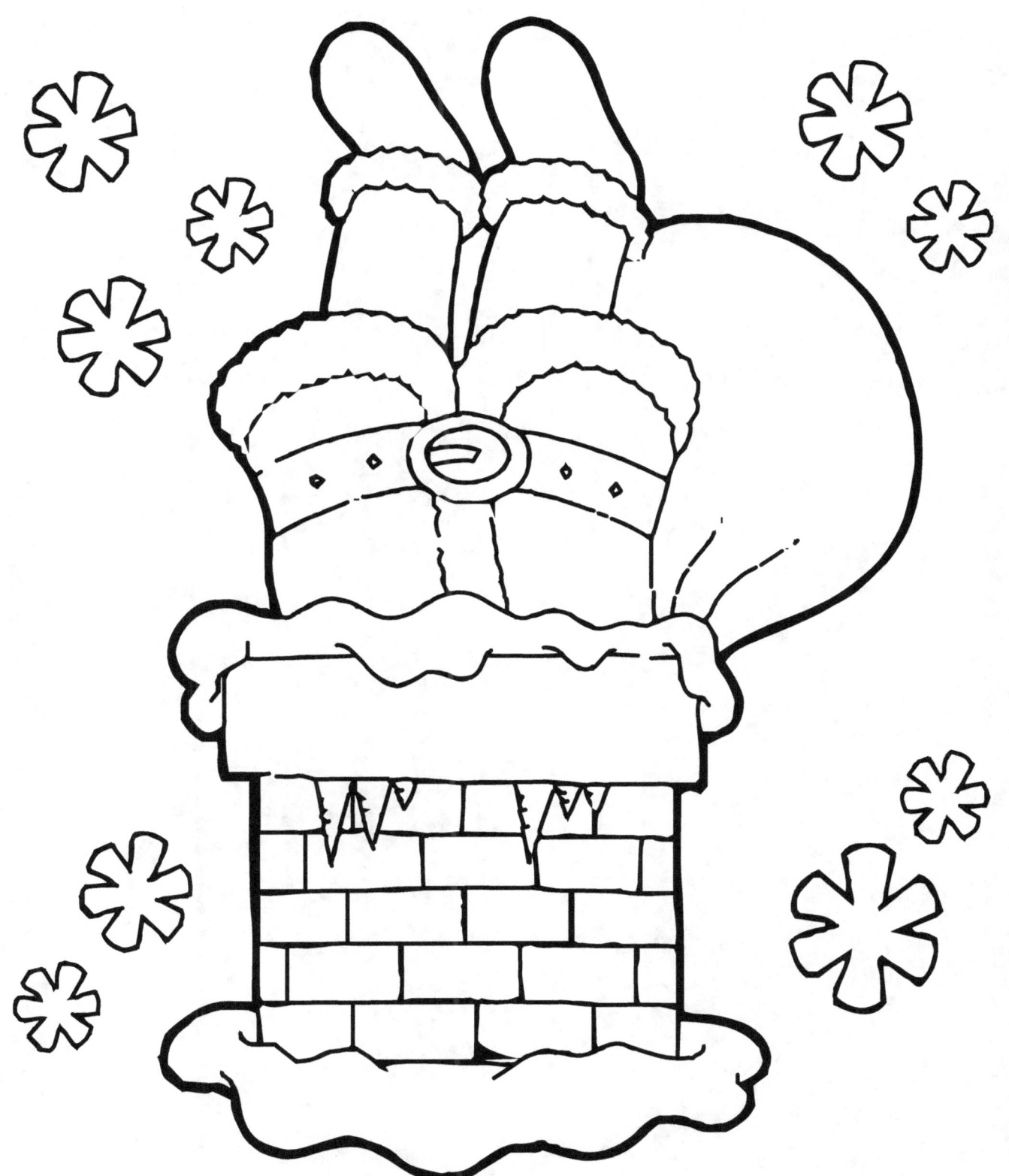

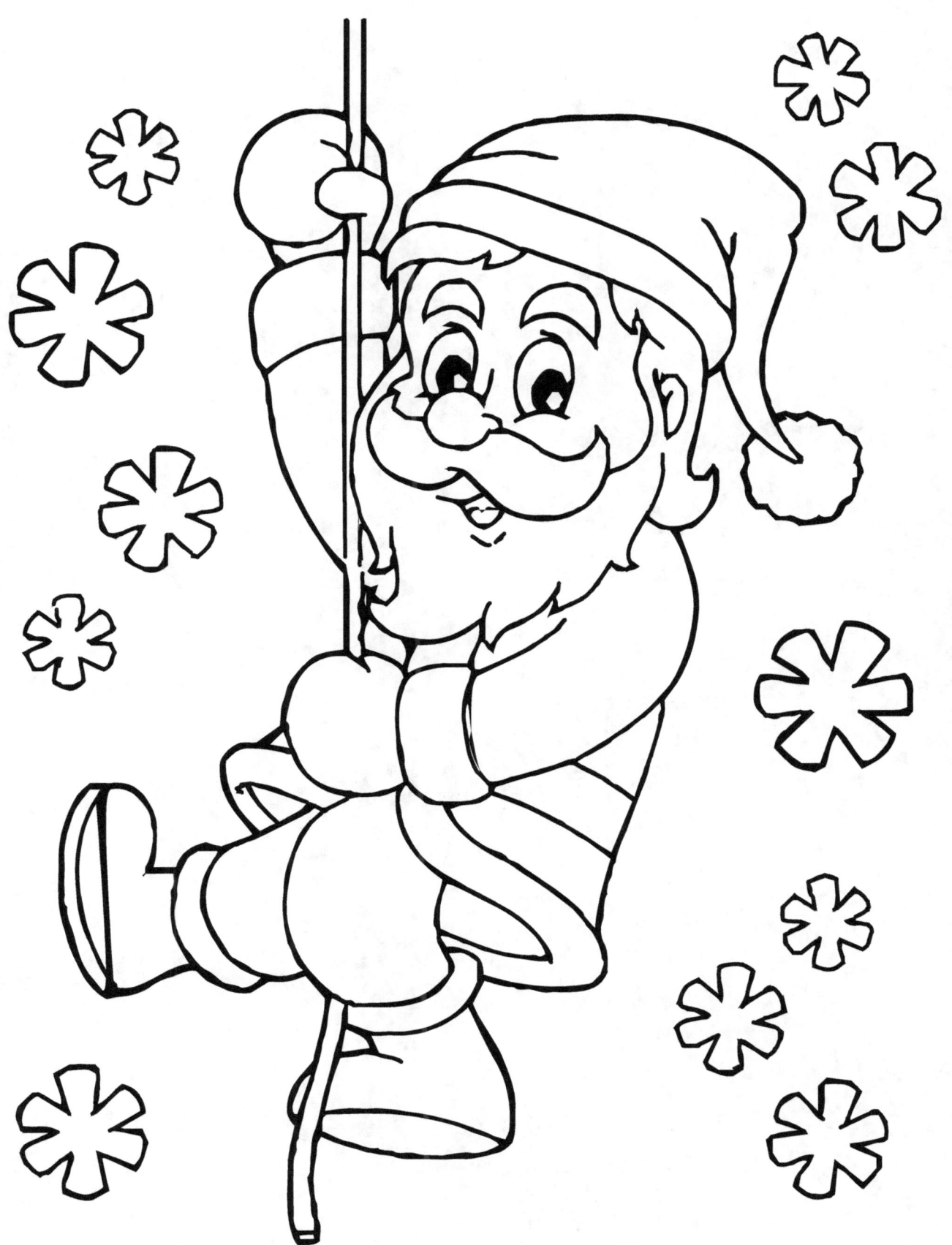

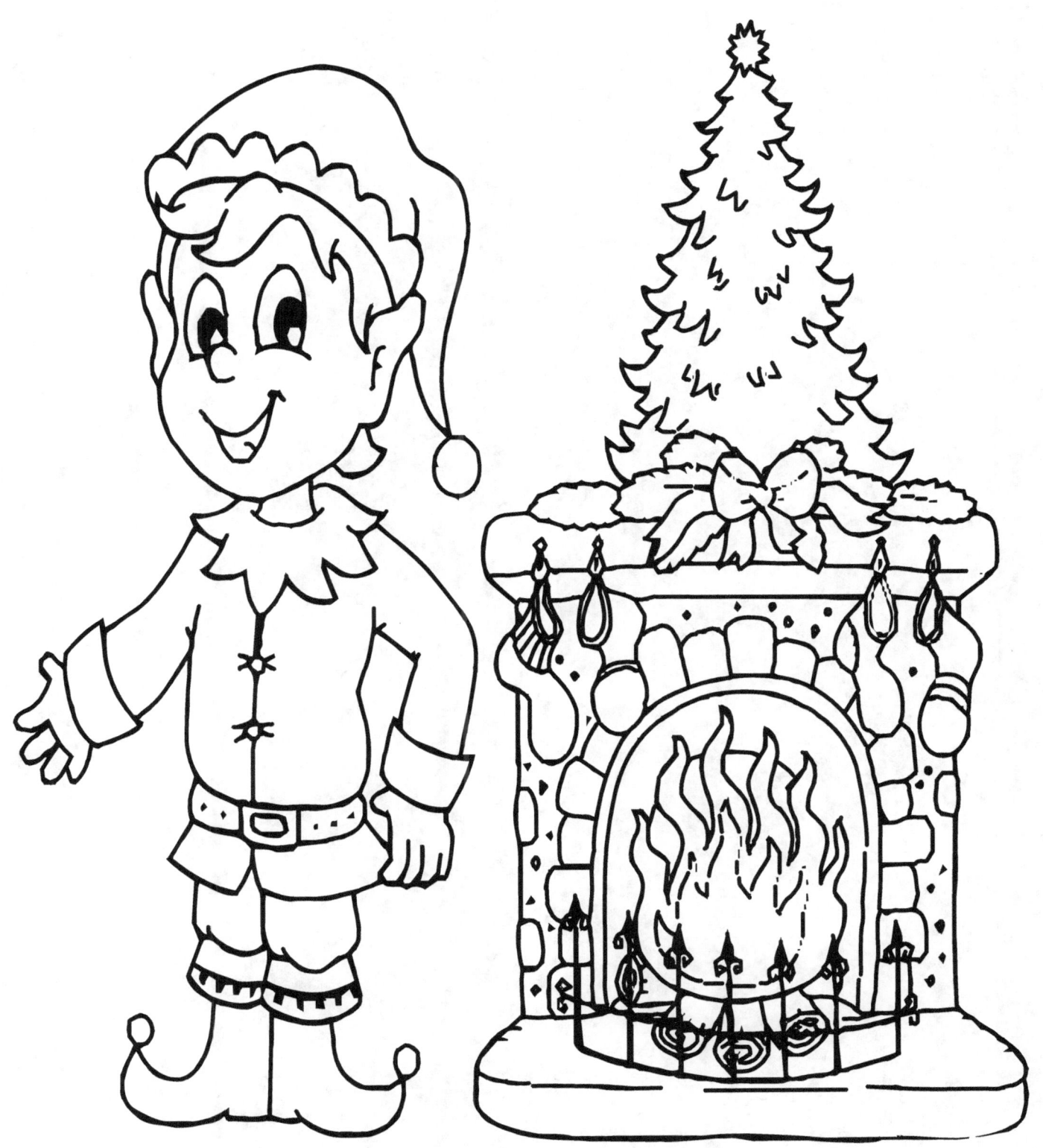

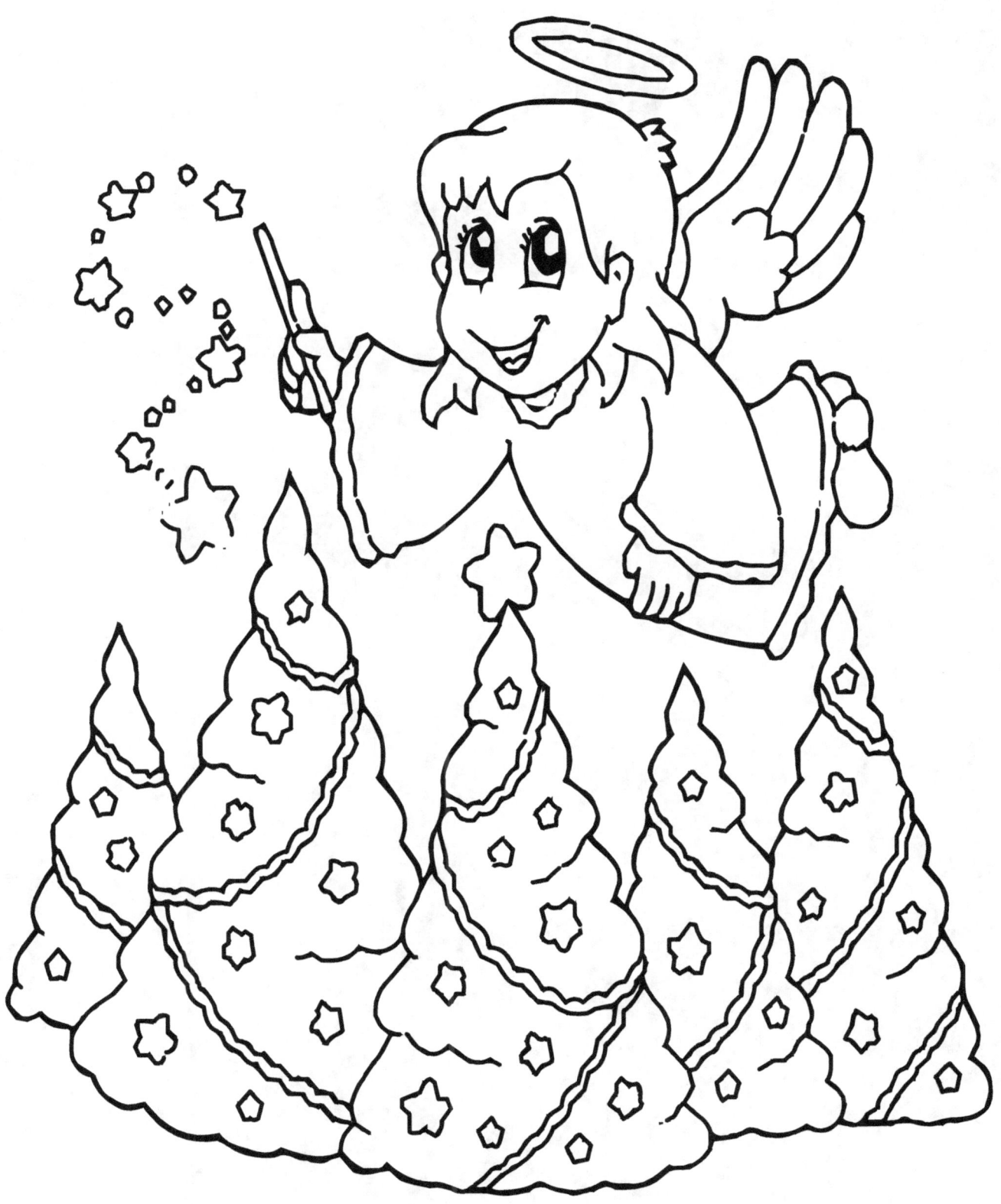

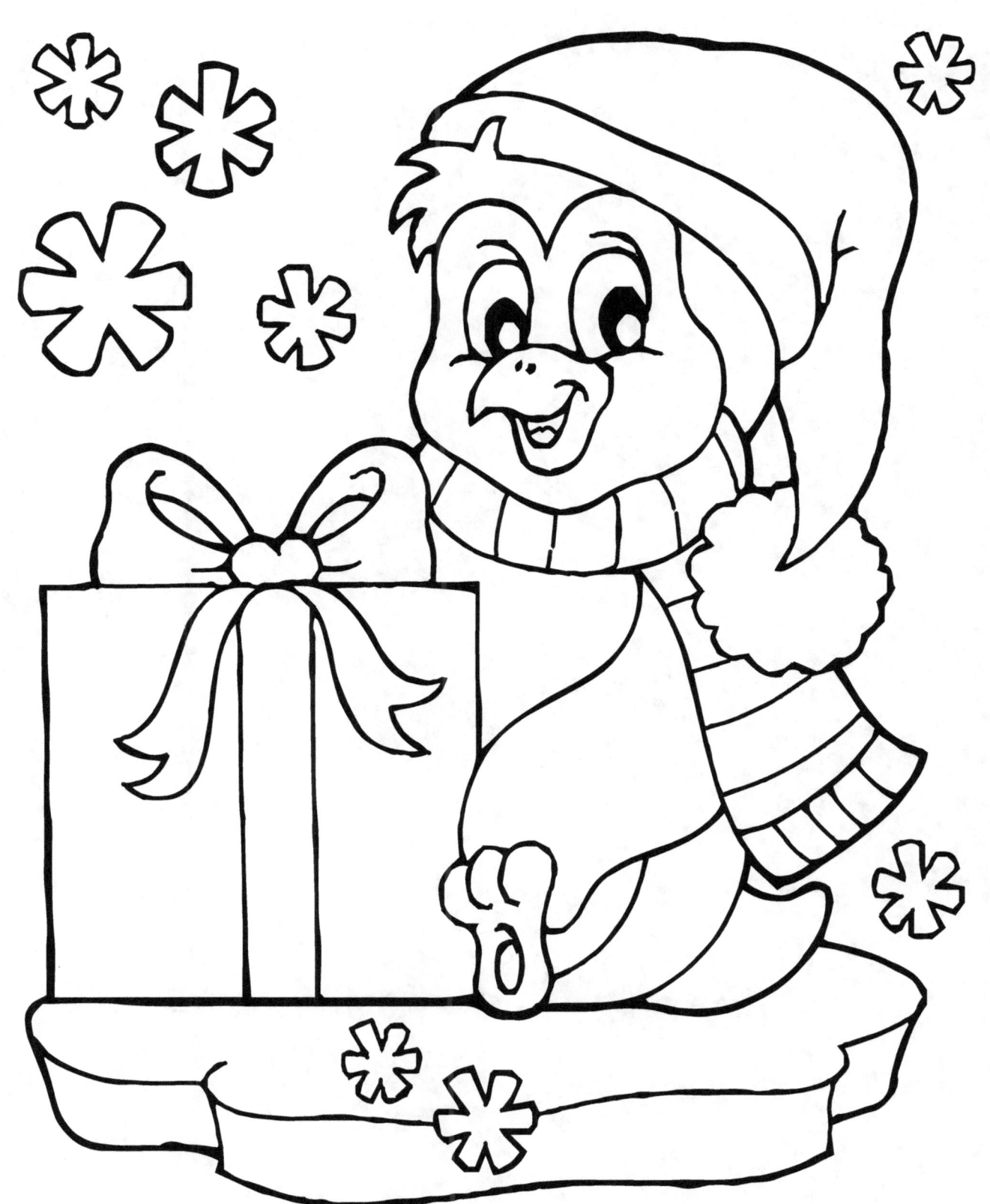

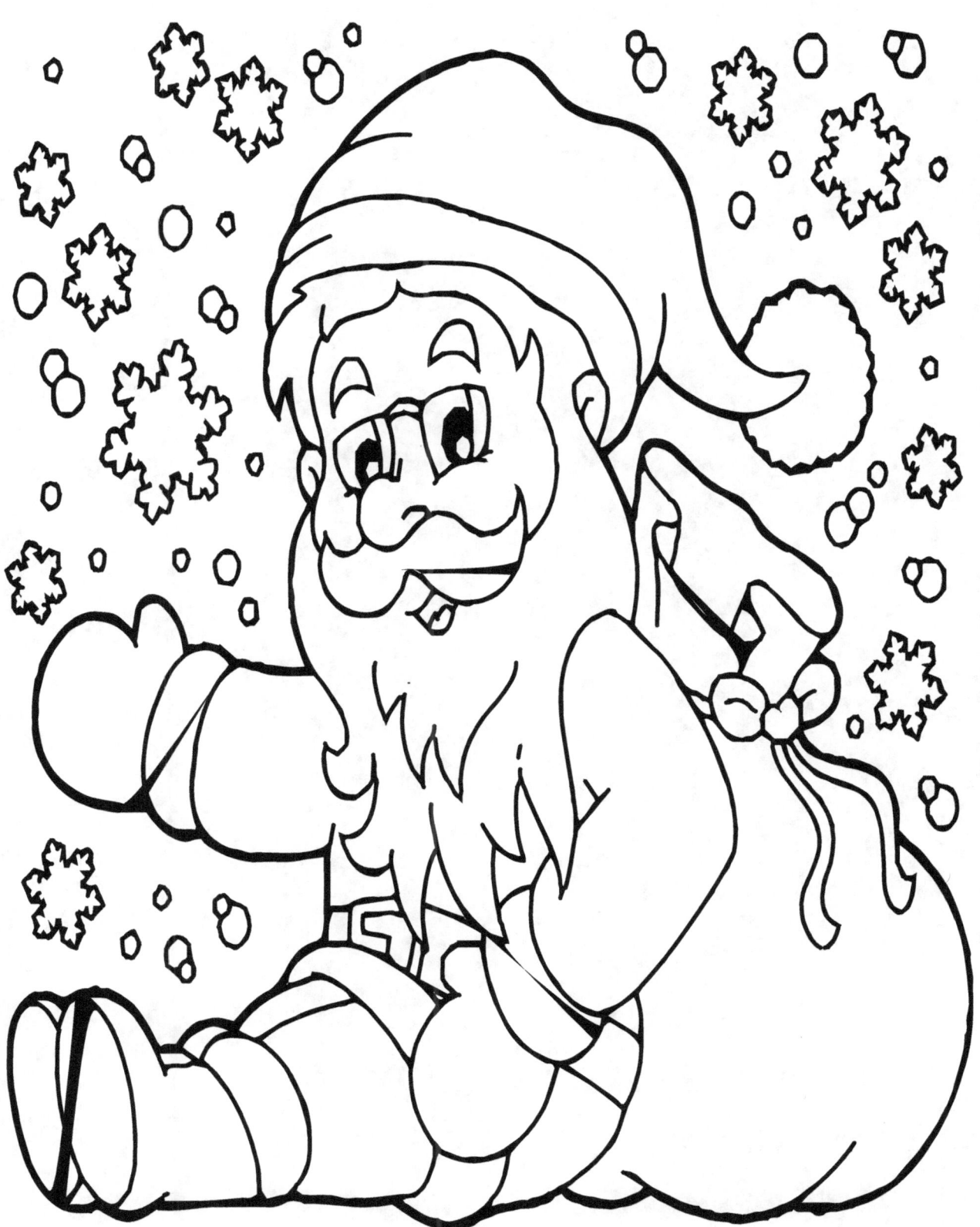

Graphics source:

VECTEEZY.COM

CREATIVEFABRICA.COM

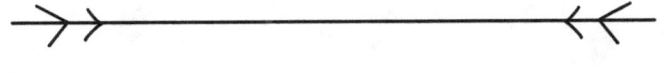

SCAN QR CODE TO CHECK OUR OTHER PRODUCTS :)

www.ingramcontent.com/pod-product-compliance
Lightning Source LLC
Chambersburg PA
CBHW080623220526
45466CB00010B/3437